SEGREDOS DA ALFABETIZAÇÃO

UMA ABORDAGEM PSICOPEDAGÓGICA

Catalogação na Fonte
Elaborado por: Josefina A. S. Guedes
Bibliotecária CRB 9/870

B862s 2023

Britto, Fabiana Angelim
Segredos da alfabetização: uma abordagem psicopedagógica / Fabiana Angelim Britto. - 1 ed. - Curitiba: Appris, 2023.
68 p. ; 21 cm. - (Psicopedagogia, educação especial e inclusão).

Inclui referências.
ISBN 978-65-250-5447-6

1. Alfabetização. 2. Psicopedagogia. 3. Neurociência. I. Título. II. Título.

CDD - 372.4

Livro de acordo com a normalização técnica da ABNT

Appris editora

Editora e Livraria Appris Ltda.
Av. Manoel Ribas, 2265 - Mercês
Curitiba/PR - CEP: 80810-002
Tel. (41) 3156 - 4731
www.editoraappris.com.br

Printed in Brazil
Impresso no Brasil

Fabiana Angelim Britto

SEGREDOS DA ALFABETIZAÇÃO

UMA ABORDAGEM PSICOPEDAGÓGICA

FICHA TÉCNICA

EDITORIAL	Augusto Coelho Sara C. de Andrade Coelho
COMITÊ EDITORIAL	Marli Caetano Andréa Barbosa Gouveia - UFPR Edmeire C. Pereira - UFPR Iraneide da Silva - UFC Jacques de Lima Ferreira - UP
SUPERVISOR DA PRODUÇÃO	Renata Cristina Lopes Miccelli
PRODUÇÃO EDITORIAL	Daniela Nazario
REVISÃO	Isabel Tomaselli Borba
DIAGRAMAÇÃO	Renata Cristina Lopes Miccelli
CAPA	Eneo Lage
REVISÃO DE PROVA	William Rodrigues

"A única forma de fazer um excelente trabalho é amar aquilo que você faz" — uma verdade imortalizada por Steve Jobs em seu discurso em Stanford, no ano de 2005, e algo que ressoa no mais profundo do meu ser.

Dedico este livro a você, meu amado filho. Você me inspira, dá sentido à minha existência e me impulsiona a abraçar com amor o trabalho que faço.

Em cada página deste livro, há um pedaço de mim, e em cada palavra, um reflexo da nossa jornada. Espero que você possa encontrar aqui algo que ressoe em seu próprio caminho e te inspire a transformar-se em quem você quer ser.

Com todo o amor e gratidão,

Fabiana Angelim.

AGRADECIMENTOS

Meus agradecimentos vão para Débora e Júlio Cézar.

Débora, minha fiel escudeira e uma funcionária que se tornou muito mais do que isso. Desde o início do Kalligra, vestiu a camisa e se juntou a mim sem hesitar, para enfrentar cada desafio. E foram muitos... Tê-la ao meu lado deixa tudo mais fácil, porque está sempre pronta para todos os momentos. Seu profissionalismo é inquestionável e sua amizade, um acalento em minha trajetória. Obrigada pelo presente de ter você em minha história e na história do Kalligra, deixando sua marca em cada página, inclusive neste livro.

Quero agradecer também ao meu companheiro de vida, Júlio Cézar. Você tem sido meu amigo, meu parceiro e meu maior incentivador. A ideia desta obra partiu de você e a recebi como desafio para celebrar os 10 anos do Kalligra. Você inspira em mim o desejo de ser uma pessoa melhor e de acreditar nos meus objetivos. Aprendi muito com você ao longo desses anos em que estamos juntos.

PREFÁCIO

Segredos da alfabetização é uma obra desafiadora que propõe desvendar os "mistérios" do processo de alfabetização. Tarefa que a autora, Fabiana Angelim, desenvolve com clareza e assertividade.

Este livro veio num excelente momento. Na era pós-pandemia do Covid-19, os caminhos da aprendizagem e seus percalços saíram de um lugar comum e tornaram-se desafios patentes e operantes. Dessa forma, o ensino precisa se adaptar para ajudar as crianças.

Conhecer o funcionamento cerebral para o entendimento do processo de aquisição da linguagem, bem como entender os transtornos específicos que impedem o aprendizado, tornou-se questão *sine qua non* nos tempos atuais.

Os capítulos escritos por Fabiana mostram que o caminho para a alfabetização pode ser suave. Neste livro, encontramos um ponto de apoio na busca de soluções. A ajuda está aqui!

Boa leitura!

Ana Paula Chaves

Mestra em Educação, psicóloga clínica e neuropsicóloga, professora de Neuroaprendizagem da UnyLeya e Centro Universitário Euroamericano (Unieuro), pesquisadora em neurociência cognitiva e organizadora e autora do livro A Neurobiologia do Aprendizado na Prática (Editora Alumnus).

SUMÁRIO

INTRODUÇÃO

Este livro nasce da minha experiência de vinte anos como professora e psicopedagoga lidando com crianças e suas famílias. Desde o início da minha carreira, sempre tive a convicção de que a alfabetização é a base para uma sociedade mais justa e igualitária, ideal do qual não abro mão. Os prejuízos causados pela pandemia ao emocional e à educação das crianças têm sido alarmantes, mas não foi apenas a pandemia que afetou a educação no nosso país: há décadas enfrentamos dificuldades que exigem soluções urgentes, e trago neste livro algumas ideias e propostas pautadas nas minhas experiências e análises dentro da profissão.

Investir em educação, além da questão financeira, significa buscar, estudar e desenvolver métodos mais eficazes de alfabetização e aprendizagem. E é aí que entra o método fônico, um dos principais temas sobre o qual falaremos neste livro, mas não o único. Afinal, a alfabetização é um processo complexo demais para se resumir a uma só abordagem. Infelizmente, vejo que a má utilização desse e de outros métodos em escolas tem sido um grande obstáculo para o desenvolvimento educacional das crianças. Por isso, é importante abordar não apenas a fonologia, mas também outras propostas, trabalhando com toda uma metodologia combinada e adaptada a cada realidade.

Sempre fui apaixonada pela educação e pela alfabetização, e isso me levou a enfrentar desafios e acreditar em mim mesma. Comecei atendendo crianças em casa e, aos poucos, fui ampliando meu trabalho. Trabalhei quase 20 anos em sala de aula, hoje tenho uma clínica especializada em neuropsicopedagogia fundada há mais de dez anos e continuo acreditando que é possível mudar a vida das pessoas por meio da educação.

Por isso, este livro é direcionado a todos os responsáveis por crianças e aos profissionais da educação que acreditam ser possível construir um futuro melhor. Precisamos romper com a ideia de que a antecipação da alfabetização é uma forma de preparar a criança para o futuro competitivo. Ao contrário, estamos pressionando as crianças a produzirem algo que elas ainda não são capazes de entregar. É preciso ter em mente que cada criança tem seu próprio tempo e ritmo de aprendizagem, e a educação deve estar a serviço de seu desenvolvimento pleno.

Capítulo 1

O PAPEL DO NEUROPSICOPEDAGOGO

É essencial que o neuropsicopedagogo desenvolva estratégias para aproximar a criança do aprendizado esperado para a sua faixa etária. Dessa maneira, ela aumentará as chances de atingir os objetivos quanto ao seu desenvolvimento e integrá-la por completo à sociedade. Existem vários motivos pelos quais as crianças desenvolvem dificuldades acadêmicas, incluindo questões emocionais, comportamentais, familiares, genéticas, entre outras, e todas podem se estender para a vida cotidiana se não tratadas devidamente.

Muitas escolas não estão preparadas para a demanda cada vez maior de crianças com dificuldades de aprendizagem e de desenvolvimento. É comum o uso de metodologias confusas que antecipam aprendizados sobre os quais as crianças não estão preparadas, cobram delas uma autonomia que elas não têm e intensificam um sistema de competitividade nada produtivo nessa fase da vida. É preciso que os professores e psicopedagogos estejam devidamente preparados para lidar com o desafio do ensino que compreende e adapta a educação às necessidades individuais da criança. Precisamos compreender o porquê do atraso educacional e buscar estratégias para fazer com que o aluno avance no desenvolvimento. Não acredito em atalhos, em intensificação, acredito em entendimento e combinação de métodos para alcançarmos uma evolução realmente significativa e saudável na educação infantil.

Quando não são pensadas boas estratégias para melhorar a relação da criança com o aprendizado, é comum o afastamento e até mesmo abandono escolar, como revela um estudo do Ipec, segundo o qual dois milhões de meninas e meninos de 11 a 19 anos que ainda não haviam terminado a educação básica deixaram a escola no Brasil. Isso é uma métrica social que reflete a pouca efetividade e a frustração imposta às crianças pelos padrões pouco flexíveis e adaptáveis de ensino.

Nós, neuropsicopedagogos, precisamos entender que existem diferentes formas de aprendizagem e devemos respeitar as diferenças comportamentais e individuais. Devemos utilizar diferentes técnicas para acessar diferentes personalidades, capacidades e histórias: se há vinte crianças para serem atendidas, então serão vinte ou mais estratégias. Nesse âmbito, a metodologia é uma referência e não uma verdade universal. Além disso, o trabalho do neuropsicopedagogo deve ser feito junto da escola, porque deve ser do interesse da instituição que seus alunos se desenvolvam. É muito difícil evoluir com uma criança na clínica se a sala de aula está indo na direção contrária e possivelmente comprometendo a sua evolução.

A pandemia expôs graves fraquezas na educação brasileira. A principal é que a educação não soube acompanhar a evolução tecnológica e se viu obrigada e forçada a se incluir na tecnologia, do contrário teria que parar por dois longos anos. Pela primeira vez, também, os pais tiveram contato direto com a educação dos filhos e puderam enxergar com clareza as dificuldades deles ou a irregularidade dos métodos. Diante disso, as clínicas de neuropsicopedagogia foram preenchidas por pais preocupados e filhos que enfrentavam dificuldades com o que chamavam de "novo método pandêmico". O tal novo método pandêmico era, na verdade, o método que aquelas escolas já aplicavam nas salas de aulas adaptado ao uso da tecnologia, ou seja, de novo não tinha muita coisa. O problema já estava lá, só não estava sendo enxergado com tanta clareza.

Aliás, a pandemia também não pode ser justificativa para os problemas pedagógicos atuais, pelo contrário, deve ser uma referência para uma reestruturação e mudanças positivas. Ela desestruturou uma parte das famílias, mas muitas delas já não tinham suporte educacional e tecnológico para comportar o ensino à distância, bem como uma parcela das escolas. Durante a pandemia, não havia saúde emocional para enfrentamento na área da educação, afinal, nós estávamos todos lidando com uma crise mundial de saúde, e acredito que isso colaborou para que a área apenas seguisse sem grandes evoluções. Diante desse novo método de ensino, digamos, quase improvisado, alguns pais perceberam dificuldades de aprendizagem nas crianças, enquanto outros passaram a colocar a culpa na escola. No entanto, a solução é uma via de mão dupla: desenvolver o aprendizado da criança ao mesmo tempo em que se desenvolve os métodos de ensino.

Muitas vezes, também, o profissional de educação não está preparado como deveria, e os pais de crianças com dificuldade de aprendizagem não estão plenamente amparados. O curso de Pedagogia urge por uma maior valorização, de modo que seja mais procurado e não se torne uma área de profissionais escassos, mais do que já é. Os professores precisam sair das faculdades sentindo-se preparados para a sala de aula. Se não, como vão enfrentar as dificuldades individuais de cada aluno?

Trago como exemplo dessas mudanças nada positivas na área da educação o fato do meu filho, um jovem de 23 anos com uma grande paleta de amizades, não ter nenhum amigo cursando Pedagogia. Acredito que isso se deva aos grandes desafios profissionais, como o de o professor não ter salário proporcional ao tempo de trabalho: por 20 anos, ele ganha o mesmo e se aposenta com salário igual. Não é motivador e não faz brilhar os olhos de ninguém. Há pouco incentivo profissional e muita estagnação em comparação a outros setores.

Fora os desafios da carreira, falta, na minha concepção, uma melhor compreensão do que é aprendizagem. Para compreender o processo, é preciso levar em consideração as dimensões biológicas, psicológicas, sociais e culturais que envolvem cada indivíduo, cada criança. Nesse sentido, a psicopedagogia surge como uma área do conhecimento que busca entender como esses aspectos interagem e influenciam a forma como os sujeitos aprendem.

Dentre os autores brasileiros da psicopedagogia, destaco Fernando Capovilla (2005), autor do livro *Alfabetização Fônica*, e Magda Soares (2003), que compreende a alfabetização como um processo complexo e multifacetado, que vai além do simples domínio do código escrito. Soares (2003) destaca a importância de considerar os aspectos sociais, culturais e cognitivos envolvidos na aprendizagem da leitura e escrita. Não faltam bons autores e bom material para se absorver e construir eficientes métodos de ensino e de contenção.

Na minha prática como professora e psicopedagoga, pude constatar que cada aluno possui uma forma única de aprender, e que isso pode ser influenciado por diversos fatores, como a história de vida, o contexto social, a genética e as experiências prévias de aprendizagem. Dessa forma, é fundamental que o processo de ensino seja adaptado às necessidades individuais de cada aluno, levando em conta as suas particularidades.

Para isso, na clínica que administro há 15 anos, utilizo a avaliação psicopedagógica, que consiste em um conjunto de técnicas e instrumentos para compreender as habilidades e dificuldades de cada aluno. A partir dessa avaliação, é possível elaborar um plano de intervenção personalizado, que considere as necessidades específicas de cada indivíduo e que promova um processo de ensino mais eficaz e significativo.

Além disso, é importante ressaltar que a psicopedagogia não se limita apenas a atuar no âmbito escolar. A sua atuação pode ser ampliada para outros contextos, como empresas, hospitais e clínicas, onde se busca compreender e intervir nos processos de aprendizagem de adultos e idosos. Não é a minha área de atuação, nem meu foco, mas é importante ressaltar que adultos com dificuldades de aprendizagem também podem ser avaliados, desenvolvidos e melhor integrados à sociedade conforme o resultado.

Em suma, a psicopedagogia é uma área que busca compreender a complexidade do processo de aprendizagem, considerando a interação entre as dimensões biológicas, psicológicas, sociais e culturais de cada indivíduo. Para isso, é fundamental que os profissionais dessa área estejam atentos às particularidades de cada sujeito e que utilizem técnicas e instrumentos que possibilitem um processo de ensino-aprendizagem mais eficaz e significativo. O papel do neuropsicopedagogo é integrar os diferentes métodos ao cotidiano de uma criança, tendo foco em sua aprendizagem sem se distanciar da percepção total de quem é e o que exatamente precisa aquele indivíduo.

Capítulo 2

MÉTODO FÔNICO

Minha principal defesa para este livro é o uso do método fônico, sobretudo combinado com outros métodos que conversem bem com ele. Defendo o método fônico como uma abordagem essencial na alfabetização da criança, isso porque a aprendizagem da leitura e da escrita requer o desenvolvimento de habilidades fonológicas, ou seja, a capacidade de compreender e utilizar os sons da fala para associá-los aos símbolos gráficos e ter a percepção e consciência do que se é falado e escrito.

Ao contrário de outras abordagens que enfatizam o reconhecimento global das palavras, o método fônico incentiva a criança a identificar os sons das letras e das sílabas, o que contribui para o seu desenvolvimento cognitivo e linguístico. Além disso, a abordagem fônica possibilita que a criança decodifique palavras que ainda não conhece e amplie seu vocabulário. A criança não apenas saberá identificar uma palavra, ela terá a compreensão dela e a escreverá com certeza e percepção.

É importante destacar que a abordagem fônica deve ser utilizada de forma adequada e integrada a outras práticas pedagógicas, de forma a contemplar as diferentes habilidades e necessidades dos alunos. É preciso levar em consideração que cada criança apresenta um ritmo e um estilo de aprendizagem diferentes, e a utilização de metodologias diversas contribuirá para uma aprendizagem mais significativa e eficiente.

Alguns estudos demonstram que a utilização do método fônico na alfabetização pode trazer resultados positivos para as crianças, como o aumento da fluência e da precisão na leitura, além da melhoria na compreensão de textos. Para embasar cientificamente o que venho dizendo e defendendo amplamente, cito a psicopedagoga e pesquisadora brasileira Magda Soares (2003), que, em seu livro *Alfabetização e Letramento,* defende que a utilização do método fônico deve ser combinada com outras práticas pedagógicas que visem o desenvolvimento da compreensão e produção de textos e do desenvolvimento da oralidade.

Além disso, o papel da família no processo de alfabetização também é crucial. Os pais e responsáveis devem estar engajados a apoiarem seus filhos na aprendizagem da leitura e escrita, criando um ambiente propício e estimulante em casa, com a oferta de livros e jogos educativos. Se não for possível, que ofertem atividades sem custo, mas que tragam à criança a possibilidade de evoluírem na resolução das suas dificuldades.

Eu defendo que o processo de alfabetização deve ser abordado de maneira cuidadosa e individualizada, com o uso de diferentes estratégias pedagógicas que levem em consideração as necessidades e características de cada criança. A utilização do método fônico pode ser uma ferramenta importante nesse processo, mas deve ser combinada com outras práticas pedagógicas e com o apoio da família.

Sou uma grande defensora do método fônico de ensino de leitura e escrita — já deu para ver, não é? Não é por acaso, eu realmente acredito nesse método e é preciso abordar um pouco mais do que ele é e o porquê o defendo de forma tão assídua.

O método é baseado no princípio de que as letras do alfabeto têm sons individuais que, quando combinados, formam palavras. Por exemplo, a letra "m" tem o som "mmm" e a letra "a" tem o som "ahh", e juntos eles formam a palavra "ma".

No método fônico, o aluno aprende a associar cada letra do alfabeto com o som que ela faz, e então aprende a combinar esses sons para formar palavras. É um processo sistemático e sequencial, em que as habilidades de decodificação são ensinadas em uma ordem lógica, começando com as letras e sons mais simples e avançando gradualmente para os mais complexos — é simplesmente a ordem natural das coisas: primeiro o som, depois a fala e depois a escrita. Isso, na minha visão, é linguagem humana.

Esse método tem várias vantagens em relação a outros métodos de ensino de leitura. Em primeiro lugar, ele é altamente eficaz. Como pesquisas têm demonstrado, os alunos que usam o método fônico aprendem a ler com mais facilidade e rapidez, e eu acrescentaria que com melhor habilidade de compreensão do significado das palavras. O método fônico dá aos alunos as habilidades necessárias para decodificar palavras desconhecidas, o que significa que eles não ficam reféns da memorização de palavras isoladas. Os alunos podem aprender com os pais, familiares, no ambiente externo, a falar sem assistência, de maneira correta, novas palavras somente com a compreensão da fonética apresentada e desenvolvida pelo método. É ou não é incrível?

Muitos pais lidam há anos com a dificuldade das crianças em falar e aprender novas palavras, isso porque elas não são capazes de pronunciá-las. O que o método fônico traz é uma alta compreensão dos sons enquanto letras e sílabas (fonemas) que fará da criança capaz de absorver, interpretar e reproduzir uma nova palavra sem dificuldade.

Outra vantagem do método fônico: ele é altamente estruturado e previsível, o que é particularmente útil para alunos que têm dificuldades de aprendizagem ou que precisam de um ambiente de ensino mais estruturado e, por assim dizer, focado naquilo que se ensina pela constância e não de forma imediata. Por exemplo, para alunos com dislexia, o método fônico é frequentemente recomendado porque ajuda a desenvolver as habilidades de decodificação necessárias para superar suas dificuldades de leitura e escrita. Assim, as palavras que o indivíduo disléxico aprende a sonorizar diante das regras de sonorização não voltam, ao longo da sua vida, como um monstro a atrapalhar sua trajetória acadêmica e cotidiana.

É importante ressaltar que o método fônico não é uma solução única para todos os alunos. Alguns podem se beneficiar mais por meio de outros métodos de ensino de leitura e escrita, e é necessário que os professores sejam capazes de entender e se adaptar a isso. É o melhor, sim, mas apenas quando combinado com a devida atenção prestada ao desenvolvimento de cada criança.

Vejo o método fônico como uma ferramenta poderosa para o ensino de leitura e escrita. É uma metodologia altamente eficaz, especialmente para alunos que enfrentam dificuldades de aprendizagem, e eu sempre recomendo seu uso em minha prática pedagógica — mas seu uso correto, como exposto anteriormente, sem criar atalhos na cognição e no desenvolvimento do alfabetizado.

Capítulo 3

OUTROS MÉTODOS DE ALFABETIZAÇÃO

Para os tempos atuais e futuros, é fundamental discutir os métodos de alfabetização utilizados nas escolas. Muitas instituições afirmam que utilizam o método fônico, mas muitas vezes não o aplicam corretamente e não consideram outras metodologias importantes.

Defendo o uso de métodos sintéticos, como o silábico e o fônico, e sou contrária ao uso extensivo e prioritário de métodos analíticos. É necessário que a criança aprenda a analisar, sintetizar, ouvir e compreender antes de reproduzir nosso código alfabético. A escrita evolui progressivamente da menor parte — o som de cada letra — até os textos, é o caminho natural da linguagem. É preciso lembrar que a fala é natural, mas a escrita não é. A criança não irá desenvolver habilidades de escrita por meio de memorização e reprodução, só de replicação. Para ter boas habilidades de compreensão, estruturação, comunicação e, enfim, escrita, ela precisa ter consciência do que está escrevendo.

Começar com a consciência fonológica nos métodos sintéticos é um passo importante. A consciência fonológica refere-se à capacidade de uma pessoa reconhecer e manipular os sons individuais que compõem as palavras. É um pré-requisito importante para a alfabetização eficaz. A consciência fonológica permite que as crianças percebam, identifiquem e trabalhem com os sons da linguagem oral.

Existem várias habilidades envolvidas na consciência fonológica, incluindo a segmentação e identificação de sons individuais, a manipulação de sons para formar novas palavras (por exemplo, adicionar, remover ou substituir sons em uma palavra) e a consciência de padrões sonoros em palavras (por exemplo, rimas e aliterações). Essas habilidades são cruciais para a compreensão do sistema alfabético de escrita.

A importância da consciência fonológica antes da alfabetização reside no fato de que as letras do alfabeto representam os sons da fala. Para aprender a ler e escrever, as crianças precisam compreender que as palavras são compostas por unidades sonoras menores, chamadas fonemas, e que as letras correspondem a esses fonemas. A consciência fonológica ajuda as crianças a fazer a conexão entre os sons e as letras.

Pesquisas têm demonstrado consistentemente que a consciência fonológica é um forte preditor do sucesso na leitura e na escrita. As crianças que possuem uma boa consciência fonológica tendem a aprender a ler mais facilmente do que aquelas que não possuem essa habilidade desenvolvida. Elas são capazes de decodificar palavras, identificar padrões de sons e aplicar estratégias de leitura mais eficientes.

Além disso, a consciência fonológica também está relacionada ao desenvolvimento da linguagem oral, à compreensão de novas palavras e ao desenvolvimento do vocabulário. Ao trabalhar com os sons da linguagem, as crianças desenvolvem um entendimento mais profundo da estrutura da linguagem e podem expandir seu repertório linguístico.

Portanto, é fundamental fornecer oportunidades e atividades para desenvolver a consciência fonológica antes da alfabetização. Isso pode ser feito a partir de jogos, brincadeiras, atividades de segmentação e combinação de sons, rimas, canções, entre outros recursos. Ao fortalecer a consciência fonológica, as crianças estarão melhor preparadas para enfrentar os desafios da alfabetização e se tornar leitores proficientes.

Há uma extensa pesquisa que destaca a importância da consciência fonológica para a alfabetização. Aqui estão alguns estudos relevantes sobre o assunto:

1. Estudo de Adams (1990): esse estudo investigou a relação entre a consciência fonológica e o sucesso na alfabetização inicial. Foi concluído que a consciência fonológica é um preditor forte e consistente do progresso da leitura e escrita.

2. Estudo de Wagner e Torgesen (1987): nesse estudo, os pesquisadores examinaram o desempenho de crianças em tarefas de consciência fonológica e descobriram que a capacidade de manipular e segmentar sons estava correlacionada com o sucesso na leitura.

3. Estudo de Snowling e Hulme (1994): os pesquisadores investigaram crianças com dificuldades de leitura e descobriram que elas apresentavam déficits na consciência fonológica, o que sugere que o desenvolvimento da consciência fonológica é fundamental para superar dificuldades de leitura.

4. Estudo de *National Reading Panel* (2000): essa revisão abrangente examinou a pesquisa sobre a alfabetização e destacou a importância da consciência fonológica. Os resultados mostraram que o ensino explícito da consciência fonológica é um dos componentes mais eficazes para melhorar a habilidade de leitura.

5. Estudo de Melby-Lervåg *et al.* (2012): nessa meta-análise, os pesquisadores analisaram vários estudos e concluíram que a consciência fonológica é um fator crítico para o desenvolvimento inicial da leitura e que intervenções focadas nessa habilidade têm efeitos positivos no desempenho da leitura.

Os métodos globais e analíticos, por outro lado, entregam textos e palavras para forçar uma cognição que a criança não tem. A escrita do próprio nome, por exemplo, pode ser confusa para a criança, pois ela ainda não compreende o significado do que é um nome, e, por vezes, ela nem tem plena consciência de que aquele é o seu nome. Esses métodos exigem mais da memória da criança em comparação com outros métodos, como o fônico.

Isso ocorre porque, no método global, as crianças precisam memorizar visualmente um grande número de palavras, muitas vezes sem entender completamente as relações entre os sons e as letras que as compõem. Elas dependem principalmente da memorização visual para reconhecer e ler as palavras, o que pode ser desafiador e demandar mais esforço da memória.

Não acredito no desenvolvimento com base textual, somente posteriormente, após o método fonético. O método global exige muito da criança ao tentar dar sentido a uma palavra. A pergunta que me ocorre diante disso é: qual é a estratégia do professor para ajudar na associação e na significação? Quando não existe, o método não demonstra eficácia.

Antigamente, era comum o uso da cartilha e a prática da caligrafia, mas pouco a pouco deixaram de ser usadas na alfabetização. Segundo os críticos, elas se tornaram obsoletas, mas não foram devidamente substituídas. Acredito na construção da escrita por meio da caligrafia, mas não necessariamente passando pela padronização por meio de cadernos com letras marcadas, existem outros métodos para se criar consciência gráfica. A criança precisa ter noção do que é o grafema e como construí-lo para então escrever o que faz sentido para ela, com a consciência do todo. É importante respeitar as etapas de aprendizagem e uma delas é a letra cursiva.

Uma boa metodologia de ensino é associar o método fonológico na alfabetização, construindo sílabas a partir dos sons e fragmentando a palavra para, em seguida, associá-la e construí-la. Existe o método alfabético, e este não é mais utilizado, pois ele poda a capacidade da criança de analisar. É necessário que a criança tenha escrita autônoma com consciência, e não baseada em hipótese de escrita — do que adianta saber escrever "paralelepípedo" se não sabe o que é um ou onde e como aplicar essa palavra?

No método silábico, atrelado ao fonológico, trabalhamos os sons das sílabas e não apenas a escrita delas por meio de replicação, ensinando os vários fonemas da nossa língua desde cedo. Crianças que utilizam o método analítico tendem a adivinhar as palavras e acabam não se prendendo ao entendimento do texto, algo extremamente nocivo para sua evolução como leitora e como indivíduo social que está suscetível a situações em que uma boa compreensão da linguagem é exigida.

Além dos métodos sintéticos e analíticos, existem também os métodos mistos, que combinam elementos de ambos. Eu costumo utilizar uma abordagem mista, que combina o método silábico com o fonológico, pois acredito que assim é possível trabalhar de forma mais efetiva a consciência fonêmica e, ao mesmo tempo, ensinar a criança a construir palavras a partir de sílabas.

Ao trabalhar com o método silábico, é importante fragmentar a palavra e, em seguida, associar as sílabas para construir a palavra completa. Dessa forma, a criança aprende os sons das sílabas e, consequentemente, os vários fonemas da nossa língua desde cedo. Isso é fundamental para que ela tenha uma base sólida para a aprendizagem da leitura e da escrita.

Outro ponto importante é a autonomia, a qual defendo amplamente e utilizo na clínica. A criança precisa ter liberdade para escrever de forma autônoma, sempre com consciência do que está escrevendo, para só então aprender a melhorar seu texto e sua maneira de expressão. Por meio da autonomia textual, dá-se a importância devida à criatividade individual e exclui-se a replicação. Dessa forma, uma criança sentirá que o texto é uma continuidade de si e não uma imposição do mundo.

Contudo, flexibilidade e poder de adaptação não significa anarquia e desorganização, pois é muito importante respeitar as etapas de aprendizagem. Não se pode podar a capacidade da criança de analisar, mas é preciso ensinar de forma adequada para que a aprendizagem seja efetiva. Por isso, a aprendizagem da letra cursiva é essencial — com exceção, claro, daqueles que têm dificuldades motoras. A criança precisa ter consciência de que a escrita é um processo que requer paciência, dedicação e prática, e que só assim ela conseguirá escrever de forma compreensível e autônoma.

Como psicopedagoga, também acredito que é fundamental combater a disgrafia, que é a dificuldade na escrita manual. Muitas vezes, essa dificuldade é resultado de uma alfabetização inadequada, que não levou em consideração as necessidades da criança. Por isso, os professores precisam estar atentos para identificar possíveis problemas na escrita e corrigi-los a tempo.

Por não existir um único método que seja o melhor para todas as crianças quanto à alfabetização, é importante estar, enquanto profissional, sempre atualizado e aberto a experimentar novas abordagens. Só assim poderemos garantir que as crianças sejam alfabetizadas de forma efetiva e que possam desenvolver todo o seu potencial na vida escolar e além dela.

Um exemplo de como o método fonológico pode ser aplicado na prática é a partir da brincadeira de rima. Nessa atividade, a criança é desafiada a encontrar palavras que rimam entre si, estimulando assim a sua consciência fonológica. Por exemplo, se pedirmos para a criança encontrar palavras que rimem com "casa", ela pode responder com "asa", "brasa", entre outras possibilidades. Essa atividade ajuda a criança a perceber os sons que compõem as palavras, desenvolvendo assim a sua habilidade para a leitura e escrita.

Outro exemplo prático de como o método fonológico pode ser aplicado é mediante o uso de músicas e cantigas infantis. Ao ouvir e cantar músicas que trabalham com rimas, aliterações e outros recursos fonéticos, a criança pode se familiarizar com os sons das palavras e desenvolver sua consciência fonológica de forma lúdica e prazerosa.

Quanto à escrita, podemos trabalhá-la a partir de atividades que envolvam desenhos e traçados. Por exemplo, pedir para a criança desenhar a letra "a" em diversas posições, em diferentes tamanhos e utilizando diferentes materiais (como giz de cera, lápis de cor etc.) pode ajudá-la a compreender a forma da letra e a desenvolver sua habilidade motora fina. Por isso eu disse anteriormente que não é preciso caderno de caligrafia, algo que é lido como um padronizador, para incentivar as crianças a projetarem uma grafia legível. Basta mostrá-las que, no entendimento infantil, a letra nada mais é que um desenho.

Outra estratégia interessante é a utilização de jogos educativos que trabalhem com a associação entre som e letra. Por exemplo, jogos em que a criança deve encontrar a letra correspondente ao som que está sendo reproduzido, ou jogos em que ela deve formar palavras a partir de sílabas embaralhadas podem ser muito úteis para desenvolver a consciência fonológica e a habilidade para a escrita.

Por fim, é importante ressaltar que a alfabetização é um processo complexo e que exige uma abordagem multidisciplinar e adaptativa. É necessário que os professores estejam atentos às necessidades de cada criança e utilizem uma variedade de metodologias para estimular o seu aprendizado. Com paciência, criatividade e dedicação, é possível sim alfabetizar de forma eficiente, duradoura e permanente, preparando os pequenos para um futuro de sucesso acadêmico, profissional e pessoal.

Capítulo 4

OS PAIS E A CLÍNICA

Hoje percebo que muitos pais chegam até mim sem saber exatamente do que se queixam da criança. É preciso sentar-me com eles para compreender qual é a dificuldade, analisar o caso e só então determinar qual é a real causa do problema, se vem de alguma questão específica da criança ou se vem do método.

Quando expomos que o trabalho é muito mais profundo do que eles imaginam, muitos acabam declinando e não continuam o processo. O cérebro e o sistema de aprendizagem de uma criança não são ligados e desligados por uma chavinha. É preciso calma, um passo de cada vez, não à toa utilizamos bastante da palavra "desenvolvimento", porque é do que se trata mesmo: desenvolver um indivíduo capaz.

A partir de uma sondagem e um protocolo de avaliação, nós encontramos as dificuldades das crianças e procuramos entender se são cognitivas ou metodológicas. Avaliamos questões motoras, as habilidades de linguagem, repertório de vocabulário, tudo que ela já consegue trazer de autonomia esperado para aquela faixa etária. Por vezes, utilizamos jogos para ver o que ela entende daquela dinâmica: a competição, as regras e o funcionamento, por exemplo. Essa é uma estratégia que faz com que a criança não se sinta julgada ou veja a si mesmo como um problema, algo essencial ao nosso processo.

Existe todo um trabalho a ser feito em família também, e nós na clínica solicitamos a aplicação das técnicas de desenvolvimento utilizadas em nossos métodos para o cotidiano, em atividades mais simples e rotineiras. É preciso que a criança tenha fases de conquista para levar e aplicar na escola e no dia a dia, e que ela tenha consciência de que o esforço dela é gratificado e gratificante, algo essencial para si própria. Não adianta desenvolvermos uma criança para e pela perspectiva dos pais e da escola, deve ser para o benefício dela própria como um indivíduo vinculado a uma sociedade e que, em breve, será um adulto, cobrado por todos os lados de que tenha clareza e entendimento linguístico.

Todo o processo é sempre associado ao desenvolvimento global da criança, ou seja, nós trabalhamos todos os seus aspectos, mas principalmente aqueles de grande dificuldade para ela, tudo conforme seu desenvolvimento corpóreo e cognitivo, sem colocar o carro na frente dos bois, de forma leve e sem grandes cobranças. É preciso que seja um processo natural, embora sempre incentivado por métodos científicos.

A principal queixa das famílias sobre suas crianças é a dificuldade de aprendizagem e alfabetização. Além das questões que já tratei neste livro para explicar porque o ensino alfabetizante é deficitário no Brasil, vejo que algumas editoras desenvolvem materiais baseados em texto para crianças sem consciência fonológica ou, quando um material baseado no método fonológico chega às escolas, os professores muitas vezes nem os utilizam.

O ensino deve seguir um processo lógico e adequado. A proposta escolar, por muitas vezes, não se adequa àquela criança específica e a escola lança para a família a obrigação com as dificuldades da criança, não alterando o método ou desenvolvendo mesclas de metodologias para trabalhar o desenvolvimento em questão. Por essas e outras, as crianças e os pais geralmente chegam até a clínica perdidos e sem direção. Então, fazemos avaliação de equilíbrio, traçado, coordenação motora, pinça e o tônus muscular por meio de sondagens. Nelas também são avaliadas habilidades precursoras da alfabetização como atenção, memória, tempo de resposta, linguagem expressiva e compreensiva e a própria consciência fonológica.

Depois das sondagens, são avaliadas as capacidades cognitivas de linguagem: escrita, expressiva e compreensiva. A criança se faz entender e compreende o que falam com ela? Ela tem uma linguagem adequada e apropriada para a sua idade? Ela entende comandos? Ela entende explicações? Tudo isso é levado em conta para traçarmos uma estratégia de trabalho personalizada e efetiva.

Nosso trabalho consiste em alfabetizá-las ou concluir esse processo quando houver lacunas importantes, além do trabalho com alfabetização matemática. A intervenção clínica é completa. Trabalhamos as funções executivas para alcançar habilidades específicas de aprendizagem formal, algo que as torna, de certa forma, preparadas para o mundo lá fora e capazes de absorver, ampliar e compartilhar conhecimento dentro e fora da área educacional.

Nós avaliamos cuidadosamente as crianças para entender como elas aprendem e se há algum problema que precise ser trabalhado. Se a criança não apresentar melhora com nossas intervenções, encaminhamos para um neuropsicólogo para avaliação mais detalhada.

Na clínica, os atendimentos são individuais, mas as crianças participam de atividades em grupo para desenvolver habilidades sociais. Nosso ambiente é acolhedor e movimentado, porém controlado para que a criança se sinta segura, atendida em suas demandas e para que possamos entender como ela se comporta em um ambiente escolar. Do contrário, não seria possível estudar as queixas dos pais e das escolas que, embora não sejam nosso foco, são levadas em conta.

Nós acreditamos que as atividades devem ser motivadoras, interessantes e desafiadoras, para manter a criança engajada e promover o desenvolvimento. O ritmo da criança é respeitado e é ele quem determina a metodologia a ser utilizada ou se é necessário mudar.

Alguns pais têm a preocupação de que essas crianças possam precisar de ajuda ao longo da vida adulta, mas não há problema algum nisso. O importante é que elas saibam que são capazes de desenvolver suas capacidades e terem segurança em suas habilidades. Enquanto crianças, na escola e no que é solicitado a elas em sociedade, desempenham o melhor papel possível quando acompanhadas por um neuropsicopedagogo, e nossa determinação é fazer com que todo o trabalho seja permanente, que não se perca com a passagem dos anos.

Continuando o meu relato como psicopedagoga e professora, gostaria de enfatizar a importância do trabalho em equipe. Além de mim, há outros profissionais envolvidos, como neuropsicólogos, fonoaudiólogos e terapeutas ocupacionais, todos trabalhando em conjunto para atender às necessidades específicas de cada criança com dificuldade. Além de, claro, os pais que se dedicam muito quando compreendem exatamente do que se trata o processo. A todos esses, sou grata, e, mesmo sem ainda terem total consciência ou admitirem, as crianças também são.

A avaliação multidisciplinar é fundamental para identificar as dificuldades de aprendizagem e desenvolvimento, e assim traçar um plano de intervenção adequado e eficaz. Cada profissional traz uma perspectiva única e complementar, permitindo uma visão mais completa do indivíduo e suas necessidades.

É importante ressaltar que a intervenção na clínica não substitui a escola, mas, sim, complementa o processo educacional. Trabalhamos com a escola e os professores para desenvolver estratégias e adaptar o ambiente escolar para atender às necessidades de cada criança. É fundamental a parceria entre a clínica e a escola para garantir o sucesso da intervenção. Foram incontáveis as vezes em que estive em chamada de vídeo com responsáveis por instituições escolares ou que fui pessoalmente buscar por um trabalho conjunto para a criança. Felizmente, a partir do diálogo, as escolas acabam ajudando na construção do novo método de aprendizagem e se tornam aliados essenciais.

Outro ponto importante é a necessidade de um ambiente acolhedor e lúdico para as crianças. Na clínica, criamos um ambiente descontraído e divertido, para que as crianças se sintam à vontade e motivadas a participar das atividades propostas. O uso de jogos e brincadeiras é fundamental para o processo de aprendizagem e desenvolvimento.

Além disso, a família tem um papel fundamental na intervenção, como diversas vezes levantei ao longo deste livro. É importante que os pais estejam envolvidos em todo o processo, entendam as dificuldades de seus filhos, vejam de perto e entendam os porquês. Alguns pais não enxergam os filhos como indivíduos, não fazem questão de conhecê-los, pelo contrário, acreditam que a criança é uma criação deles e que pode ser moldada conforme suas vontades. Por isso, oferecemos orientação aos pais e a proposta de enxergarem seus filhos como indivíduos de vontades e olhares de vida próprios.

A gestão das expectativas dos pais desempenha um papel fundamental no processo de alfabetização de uma criança. É compreensível que os pais desejem que seus filhos tenham sucesso acadêmico e queiram vê-los se tornarem leitores proficientes o mais rápido possível. No entanto, é importante equilibrar essas expectativas com uma compreensão realista do desenvolvimento da alfabetização e do ritmo individual de cada criança.

Muitos pais chegam até nós ansiosos por uma solução, mas assim que as estratégias começam a serem postas em prática, surgem receios, ressalvas e questionamentos sobre o quanto a criança deve ser retirada da sua zona de conforto. É preciso entender e respeitar o processo, confiando na atuação da equipe psicopedagoga e ciente de que, para obtermos avanços, serão necessárias mudanças significativas na rotina e na forma como a criança lida com o aprendizado.

É importante que os pais compreendam que o processo de alfabetização é gradual e ocorre ao longo de vários meses ou anos. Cada criança tem seu próprio ritmo de aprendizagem, e é normal que algumas demorem mais para adquirir as habilidades de leitura e escrita. Ter expectativas realistas ajudará a evitar frustrações desnecessárias. E para isso também é preciso, em vez de focar apenas nos resultados finais, valorizar e celebrar os pequenos avanços que a criança faz ao longo do processo. Reconhecer e elogiar seu esforço, interesse e melhoria gradual ajudará a criar uma motivação intrínseca e uma atitude positiva em relação à alfabetização.

Os pais devem desempenhar um papel ativo no apoio à alfabetização de seus filhos, o que inclui, dentre outras tarefas, a leitura regular em casa, fornecendo materiais adequados à idade, estabelecendo rotinas de leitura e escrita, e encorajando a participação em atividades relacionadas à leitura, como visitas à biblioteca ou discussões sobre livros. O importante é fornecer um ambiente rico em estímulos literários e demonstrar interesse genuíno pelo processo de aprendizagem.

No ambiente familiar e escolar, é necessário evitar comparações e pressões excessivas: Cada criança é única, com suas próprias habilidades e pontos fortes. Compará-las com outras crianças pode criar pressão adicional e minar sua confiança. É importante lembrar que o ritmo de aprendizado varia de uma criança para outra, e o progresso de cada uma deve ser valorizado independentemente de comparações externas.

Além de tudo isso, os responsáveis devem manter uma comunicação aberta e regular com os professores e psicopedagogos, o que ajudará a entender o progresso das crianças na alfabetização. Os profissionais fornecem informações sobre o desenvolvimento, identificam áreas que necessitam de mais atenção e oferecem sugestões sobre como apoiar o processo de aprendizagem em casa.

Ao adotar uma abordagem equilibrada e realista em relação às expectativas, os pais desempenham um papel importante no sucesso da alfabetização de seus filhos. O foco deve estar no apoio, estímulo e valorização do progresso individual, criando um ambiente propício ao amor pelo estudo e ao desenvolvimento das habilidades de leitura e escrita.

Jean-Ovide Decroly, médico, psicólogo, professor e pedagogo belga, enfatizava como a necessidade e o interesse são fundamentais para a construção do conhecimento. Quando nos deparamos com um problema ou uma situação em que sentimos a necessidade de encontrar uma solução, nosso interesse é despertado. Essa necessidade cria um senso de curiosidade e motivação para buscar o conhecimento necessário para resolver o problema ou lidar com a situação.

O interesse, por sua vez, impulsiona nossa busca por conhecimento. Quando estamos interessados em um determinado assunto ou queremos entender algo melhor, nos dedicamos a estudá-lo, pesquisá-lo e explorá-lo. Esse interesse contínuo nos leva a adquirir conhecimento específico sobre o tema em questão. Esse processo não é diferente quando estamos falando de crianças.

Quando trabalhamos com a produção de texto, por exemplo, incentivamos a criança a escrever como quiser, e depois revisamos juntos para que ela possa aprender e evoluir. O resultado é impressionante. Muitos dos textos certamente renderiam excelentes obras de literatura infantil. Porém, não é isso que avaliamos. Nossa vitória é que aquela criança, apesar das suas dificuldades, consiga desenvolver um bom texto conforme sua própria compreensão e utilizando dos seus próprios aprendizados.

Muito do nosso trabalho também está relacionado ao desenvolvimento das funções executivas. As funções executivas referem-se a um conjunto de habilidades cognitivas que nos permitem planejar, organizar, regular nosso comportamento, controlar nossas emoções, tomar decisões e resolver problemas de forma eficaz. Essas habilidades são essenciais para o bom funcionamento executivo do cérebro e desempenham um papel crucial em nossa vida diária, seja na escola, no trabalho, nas relações sociais ou em qualquer atividade que exija autorregulação e tomada de decisões. Sendo assim, constituem alguns dos principais elementos que são trabalhados em nossa clínica.

As principais funções executivas incluem:

Memória de trabalho: é a capacidade de manter informações relevantes em mente temporariamente e usá-las para orientar o comportamento. Envolve a habilidade de realizar múltiplas tarefas e manipular informações em tempo real.

Flexibilidade cognitiva: refere-se à capacidade de se adaptar a situações novas, mudar de estratégia quando necessário, pensar de forma criativa e ver as coisas por diferentes perspectivas.

Inibição de respostas impulsivas: envolve a capacidade de controlar impulsos e inibir respostas automáticas inadequadas. Está relacionada ao autocontrole e à capacidade de adiar gratificação.

Planejamento e organização: são habilidades que nos permitem estabelecer metas, criar um plano de ação, definir etapas e organizar recursos para alcançar essas metas. Envolve também a capacidade de antecipar obstáculos e monitorar o progresso.

Tomada de decisões: refere-se à habilidade de avaliar informações, considerar diferentes opções, pesar prós e contras e escolher a melhor alternativa com base em critérios específicos.

Resolução de problemas: envolve a capacidade de identificar um problema, analisar suas causas, gerar soluções possíveis, avaliar as consequências de cada opção e implementar a melhor estratégia para resolvê-lo.

Essas funções executivas são interrelacionadas e trabalham juntas para nos ajudar a enfrentar desafios, regular nosso comportamento e alcançar objetivos. Elas se desenvolvem ao longo da vida, sendo influenciadas por fatores genéticos, ambientais e experiências de aprendizado. Investir no fortalecimento das funções executivas pode trazer benefícios significativos para o desempenho acadêmico, profissional e pessoal.

Uma clínica de psicopedagogia pode trabalhá-las por meio de diferentes abordagens e técnicas, adaptadas às necessidades individuais de cada criança. O primeiro passo é realizar uma avaliação abrangente das habilidades executivas do indivíduo. Isso pode envolver questionários, entrevistas, observação direta e testes psicopedagógicos específicos para avaliar o funcionamento das diferentes funções executivas.

Depois, a clínica pode fornecer treinamento específico para fortalecer as habilidades executivas deficitárias. Isso pode envolver a prática de tarefas que exigem o uso delas, como jogos de memória, quebra-cabeças, jogos de estratégia e exercícios de resolução de problemas.

Na clínica, há de tudo, e normalmente é um ambiente leve e descontraído. Digo isso porque até a minha própria família se diverte com os acontecimentos quando vem nos visitar. No fim do dia, o que importa é que estamos ajudando essas crianças a superarem suas dificuldades e a crescerem confiantes em suas habilidades.

Meu trabalho como psicopedagoga e professora é gratificante e desafiador. Ver o progresso e o desenvolvimento das crianças é o que me motiva a continuar nesta profissão. Saber que estamos contribuindo para o sucesso escolar e para a vida futura dessas crianças é a maior recompensa.

Capítulo 5

A IMPORTÂNCIA DOS JOGOS E BRINCADEIRAS NO PROCESSO DE ALFABETIZAÇÃO

Em minha prática clínica, utilizo a brincadeira e os jogos como ferramentas fundamentais para desenvolver a criatividade das crianças. Nas sessões, costumo incluir atividades lúdicas e alguns atendimentos psicopedagógicos são totalmente baseados nesse aspecto.

Por exemplo, existem jogos que estimulam a criatividade, como jogos de cartas nos quais cada carta representa uma ação, um sujeito, um espaço e um tempo, permitindo que a criança desenvolva histórias e expanda seu repertório não apenas de vocabulário, mas também de recursos para produzir algo significativo.

No ambiente clínico em que trabalho, no Kalligra, é essencial que as crianças brinquem. Essas brincadeiras podem ocorrer no início das sessões, individualmente ou em grupo. É uma regra estabelecida, e as crianças socializam, interagem e se divertem. A brincadeira desempenha um papel crucial no desenvolvimento motor, cognitivo, da atenção, do foco e da relação da criança com o mundo ao seu redor. Ela promove o bem-estar cognitivo, físico, social e emocional, habilidades essenciais para o processo de aprendizagem formal.

No Kalligra, promovemos brincadeiras que também incentivam a confiança, a autoestima, a interação, as habilidades sociais, a independência, a curiosidade e a capacidade de enfrentar situações desafiadoras. Em alguns momentos, uma criança pode relutar em participar de uma brincadeira proposta, sentindo-se incapaz, com medo de perder ou de não entender as regras. Nesses casos, respeitamos sua decisão, permitindo que ela observe, mas criando oportunidades futuras para que ela se sinta encorajada a participar.

Proporcionamos brincadeiras específicas, com regras estabelecidas por nós ou até mesmo inventadas pelas próprias crianças. Durante essas brincadeiras, observamos como elas lidam com as regras, se são flexíveis e se conseguem se adaptar cognitivamente. As interações e o respeito entre as crianças se desenvolvem nesses momentos, especialmente nas brincadeiras em duplas, em que é necessário confiar no parceiro.

No ambiente clínico, a brincadeira não se limita apenas a jogos de tabuleiro ou brinquedos. Ela pode estar presente em todos os momentos da intervenção e do aprendizado. Podemos utilizar pequenas pausas, contar piadas ou criar momentos de imaginação, sempre considerando o estado de atenção e foco da criança. Essas atividades ajudam a reduzir a ansiedade, o estresse e a irritabilidade durante o processo de aprendizagem, sendo especialmente importantes para crianças mais resistentes ao processo de intervenção. Elas podem levar algum tempo para aceitar e compreender por que estão participando de um processo psicopedagógico. Muitas vezes, não entendem os motivos e questionam sua presença. Alguns podem expressar sua relutância dizendo: "Eu não queria estar aqui. Por que eu estou aqui? Por que meus colegas não estão aqui? Por que meu irmão não está aqui? Por que sou o único que precisa comparecer?". É fundamental oferecer um ambiente acolhedor e seguro para que essas preocupações sejam expressas e resolvidas.

A resistência ao processo de intervenção é comum, pois as crianças começam a entender que a escola e a clínica são lugares sérios, onde existem regras e compromissos. Elas percebem que não podem agir da forma que desejam a qualquer momento. Nesse contexto, é importante tornar esse momento mais leve e prazeroso, de modo que elas queiram estar presentes. Ao lidar com crianças, é essencial falar a linguagem delas, ou seja, brincar.

Mas para que isso seja feito da forma mais proveitosa, as brincadeiras devem estar alinhadas com as etapas de desenvolvimento da criança. Quando as crianças interagem umas com as outras, elas estabelecem regras e aprendem a compartilhar. No entanto, é crucial que os adultos no ambiente clínico, professores ou até mesmo os pais entendam que as brincadeiras devem ser adequadas ao estágio de desenvolvimento da criança. É compreensível que os responsáveis tenham dificuldade em entender isso, pois pode ser difícil para eles compreender como uma criança de dois anos conseguirá seguir regras complexas durante uma brincadeira. É importante reconhecer que as brincadeiras devem ser adaptadas às habilidades e à compreensão da criança, levando em consideração sua janela de desenvolvimento. Isso também pode ser usado como uma forma de avaliar a evolução do aluno. Se ele não consegue seguir as regras ou se frustra facilmente, desiste da brincadeira e se irrita, pode ser um sinal de alerta para avaliarmos algumas hipóteses, como atraso no desenvolvimento, dificuldade de compreensão ou até mesmo uma dificuldade de aprendizagem. Observar o comportamento durante as brincadeiras permite avaliar diversos aspectos e compreender se há algum atraso no desenvolvimento ou dificuldade de compreensão. Portanto, é necessário adaptar as atividades às necessidades individuais das crianças para garantir uma experiência significativa durante as brincadeiras.

Na clínica, tenho uma ampla variedade de jogos, especialmente aqueles que estimulam a leitura e interpretação. Por exemplo, temos jogos em que a criança precisa responder em apenas três palavras. Fazemos uma pergunta e ela deve dar uma resposta dentro desse limite. Um exemplo seria: "Se você fosse assaltado, o que você falaria?" Mostramos um desenho representando a situação e a criança tenta responder com três palavras, mas inicialmente acaba falando algo como "Chamar a polícia com meu celular". A partir daí, evoluímos com calma e paciência até que a limitação imposta pela brincadeira seja respeitada. Essa abordagem ajuda a desenvolver habilidades como compreender as regras, controlar impulsos e pensar antes de responder, contextualizando a brincadeira de maneira educativa.

É importante que as crianças experimentem diferentes ações e práticas durante as brincadeiras. No início, elas podem começar com pouca ação e interesse, mas à medida que dominam determinado jogo, experimentam a sensação de participação, vitória e até mesmo derrota. É interessante observar como elas aprendem a lidar com a sensação de perder, algo que pode ser desafiador para os pequenos. Felizmente, as brincadeiras proporcionam um ambiente seguro para que eles aprendam a lidar com as emoções associadas à derrota.

As brincadeiras também trazem benefícios multissensoriais, estimulando o desenvolvimento em diversas áreas. Durante o processo de aprendizagem, podemos perceber crianças que são mais auditivas, aquelas que precisam falar mais para se posicionar, aquelas que preferem brincadeiras táteis, como mexer, manipular, pintar e colorir. Por outro lado, também identificamos crianças que têm dificuldade em compreender comandos, não prestam atenção nas regras do jogo ou têm dificuldade em processar informações. A diversidade de brincadeiras ajuda a atender a essas diferentes necessidades sensoriais, promovendo o desenvolvimento da escuta, escrita, coordenação motora, interpretação e expressão vocabular.

Em relação aos jogos, temos uma infinidade de opções. Possuo quebra-cabeças de vários tipos, jogos de tabuleiro interessantes, atividades motoras e até jogos matemáticos, como o jogo da balança, em que a criança realiza cálculos colocando os números na balança. Além disso, posso citar o jogo da velha com uma abordagem diferente, em que as peças têm três tamanhos diferentes e podem ser sobrepostas umas às outras, criando novas possibilidades. A variedade é imensa!

Esses e outros jogos e brincadeiras também incentivam a colaboração e a interação social entre as crianças. Muitos jogos são projetados para serem jogados em grupo, o que promove a comunicação, o trabalho em equipe e a construção de relacionamentos. Essa interação social é especialmente valiosa na alfabetização, pois permite que as crianças compartilhem conhecimentos, discutam conceitos e aprendam uns com os outros.

Então, não menospreze a importância dos jogos e brincadeira na alfabetização. Eles são uma ferramenta poderosa, capaz de tornar o processo de aprendizagem mais divertido, envolvente e significativo para as crianças. Eles oferecem uma abordagem prática e concreta, promovem o desenvolvimento de habilidades cognitivas e sociais, criam um ambiente seguro para a experimentação e fomentam a interação e a colaboração entre as crianças. Ao incorporar jogos lúdicos no processo de alfabetização, os educadores proporcionam uma experiência de aprendizagem mais eficaz e prazerosa, preparando as crianças para uma jornada de sucesso no mundo da leitura e da escrita.

Capítulo 6

A IMPORTÂNCIA DA MOTIVAÇÃO E AUTOESTIMA NA ALFABETIZAÇÃO

Quando as crianças chegam à clínica com dificuldades de aprendizagem, é essencial considerar a importância da motivação e autoestima na alfabetização. A maioria delas já percebe que está enfrentando dificuldades em comparação aos colegas de sala, o que afeta sua autoestima. É fundamental estabelecer um vínculo com a criança e mostrar que ela é capaz de aprender e, se for o caso, que está progredindo.

Uma das estratégias para promover a motivação é oferecer elogios e recompensas adequados ao esforço e às conquistas da criança. No entanto, é importante esclarecer aos responsáveis que uma criança não precisa de uma plateia aplaudindo todas as suas ações. Por exemplo, dizer "Parabéns, meu filho!" quando ele não fez nada para receber os parabéns ou elogiar um desenho que não está bem executado não são práticas adequadas. Todos nós somos motivados por elogios e as crianças precisam ser recompensadas, mas o próprio significado da palavra recompensa indica que ela deve ser entregue apenas após algum ato significativo de esforço e produção.

Os elogios e recompensas são fundamentais para que elas tenham vontade de continuar com o progresso iniciado. Muitas vezes, as crianças estão muito tristes por não conseguirem acompanhar seus colegas e se sentem constrangidas. Na clínica, essas recompensas podem acontecer de várias formas, inclusive por meio de brincadeiras ao final das sessões. Por exemplo, podemos dizer: "Olha, você conseguiu fazer tão rápido que teremos tempo para brincar agora!" Apesar de elas não compreenderem perfeitamente o conceito de tempo, elas se sentem recompensadas e encorajadas a, no dia seguinte, fazer ainda mais.

Essa recompensa é exatamente o que estimula e motiva as crianças a aprender e continuar. A intervenção não é um processo fácil. As crianças sabem que precisam sair de casa e ir para um lugar onde precisam produzir, e isso não é tão simples. Para elas, a intervenção não é como abrir um Kinder Ovo com uma surpresa dentro. No início, elas percebem que aquilo pode ser chato e cansativo, e que precisam encontrar motivação interna para que o processo evolua. Portanto, o que precisamos despertar é o interesse, a curiosidade e a motivação. As crianças precisam sentir que fazem parte do processo e são responsáveis por ele. Elas só irão se dedicar se estiverem motivadas para isso. Assim como nós, adultos, não queremos fazer algo que sabemos ser importante quando não temos motivação ou interesse, as crianças também são movidas por esses sentimentos.

A motivação desempenha um papel fundamental no processo de aprendizagem de uma criança. Quando uma criança está desmotivada e com baixa autoestima, ela tende a se afastar do processo formal de aprendizagem. É essencial tornar cada sessão ou aula interessante e motivadora, despertando a curiosidade dos alunos. Isso pode ser feito por meio da utilização de jogos lúdicos, materiais interativos e atividades práticas. Ao envolver a criança de forma ativa, oferecendo recompensas adequadas ou até mesmo trabalhando com o reforço positivo, conseguimos transformar o aprendizado em uma experiência prazerosa, estimulante e gratificante. Dessa forma, elas serão incentivadas a continuar aprendendo e a superar as dificuldades, fortalecendo sua autoestima e confiança ao longo do processo de alfabetização.

Às vezes, as crianças podem encontrar dificuldades em relatar o que aprenderam ou o que fizeram durante uma sessão devido a questões de contextualização ou expressão verbal. Essa dificuldade pode ser abordada por meio de estratégias pedagógicas cuidadosamente planejadas. Por exemplo, ao trabalhar a consciência fonológica, podemos realizar atividades de rimas com palavras que começam com uma determinada letra. Embora a criança possa não perceber imediatamente que está aprendendo sobre consciência fonológica, é fundamental que ela participe ativamente dessas atividades.

Durante as sessões, além de focar no desenvolvimento das habilidades específicas de alfabetização, também buscamos trabalhar outras habilidades cognitivas importantes, como percepção visual, memória e atenção. Essas habilidades desempenham um papel crucial no processo de relato de fatos e na capacidade da criança de contar histórias de forma coerente, o que ajuda muito no processo de motivação, já que ela se torna capaz de entender e relatar o seu progresso. Embora a criança possa ter vivenciado momentos significativos de aprendizagem, é comum ela relatar que não fez muita coisa ou que não aprendeu nada durante a sessão.

Nesses casos, é importante entender que o relato da criança pode estar relacionado a dificuldades em expressar suas experiências de maneira clara e organizada. A alfabetização envolve uma série de habilidades complexas que são desenvolvidas gradualmente. À medida que as crianças progridem, é importante fornecer feedback positivo e encorajador para que elas se sintam motivadas a continuar aprendendo e se expressando.

Além disso, como profissionais da educação, também podemos adotar estratégias adicionais para auxiliar a criança a relatar suas experiências e aprendizagens. Podemos utilizar recursos visuais, como registros fotográficos das atividades realizadas, ou criar momentos de reflexão e compartilhamento em grupo, nos quais as crianças possam compartilhar suas realizações e expressar o que aprenderam.

É fundamental lembrar que cada criança tem seu próprio ritmo de desenvolvimento e expressão. Nem sempre o relato verbal direto é a única forma de avaliar seu progresso e compreensão. É importante valorizar e reconhecer os avanços de cada criança, mesmo que eles não sejam totalmente evidentes em suas palavras. Ao criar um ambiente acolhedor, encorajador e respeitoso, podemos incentivar a confiança e a disposição da criança em compartilhar suas experiências, construindo, assim, uma base sólida para seu processo de alfabetização e desenvolvimento geral.

Capítulo 7

NEUROCIÊNCIA APLICADA À ALFABETIZAÇÃO

A neurociência aplicada à alfabetização é uma combinação fascinante que desvenda os segredos da mente enquanto mergulha no mundo das letras e palavras. É uma análise detalhada do cérebro, em busca de insights que têm se mostrado capazes de transformar a forma como ensinamos e aprendemos a ler.

É importante frisarmos a importância da neurociência, que explora as conexões neurais, em que cada sinapse é um caminho que leva à compreensão e ao domínio da escrita. A neurociência nos revela que o processo de alfabetização vai além da simples decifração de letras e sons. Envolve uma relação complexa entre diversas áreas do cérebro, como o córtex visual, responsável pelo reconhecimento das palavras, e o córtex auditivo, que interpreta os sons das letras.

Com base nesses conhecimentos, os educadores têm a oportunidade de aprimorar suas estratégias de ensino e criar um ambiente propício para o desenvolvimento das habilidades linguísticas. A neurociência nos mostra que a repetição e a prática são fundamentais para fortalecer as conexões neurais relacionadas à leitura e escrita e nos ensina técnicas como a associação de imagens e a aprendizagem multissensorial, que potencializam o aprendizado e estimulam diferentes áreas do cérebro de forma integrada.

Assim como a psicopedagogia, a neurociência nos fornece um arsenal muito amplo, inclusive nos revelando a importância das emoções na alfabetização. O cérebro é um ser emocional e as experiências afetivas estão intrinsecamente ligadas à aquisição de novos conhecimentos. Um ambiente acolhedor, com estímulos positivos e uma abordagem individualizada criam conexões emocionais favoráveis ao processo de aprendizagem e o tornam mais significativo e prazeroso.

Ao unir a neurociência com a alfabetização, abrimos portas para desbravar novos horizontes no campo da educação, principalmente a partir da compreensão das diferenças individuais no processo de aprendizagem e do conhecimento sobre como cada pessoa adquire a habilidade de ler e escrever. A neurociência nos ajuda a entender que cada cérebro é único e que as crianças se adaptam a estilos de aprendizagem diferentes. É mais uma prova do que venho dizendo ao longo de todo este livro: abordagens personalizadas, que levem em consideração as necessidades e preferências de cada aluno, maximizam o potencial de aprendizado e são a única saída para os casos mais desafiadores.

Capítulo 8

TRANSTORNO OU DIFICULDADE DE APRENDIZAGEM?

Quando se trata da mente e do corpo humano, com as suas infinitas complexidades, precisamos ter precisão e saber exatamente com o que estamos lidando. Por isso é tão importante compreender a diferença entre transtornos e dificuldades de aprendizagem, pois cada um apresenta características distintas e requer abordagens específicas para auxiliar as crianças e adolescentes que os enfrentam.

Primeiramente, as dificuldades de aprendizagem são desafios que afetam o processo de aquisição de conhecimento e habilidades acadêmicas, mas podem ser resolvidos por meio do processo clínico e do acompanhamento adequado. Elas não são necessariamente causadas por condições neurológicas ou cognitivas. Na verdade, geralmente têm como causa principal diversos fatores, como falta de motivação, método inadequado de ensino, problemas emocionais, falta de apoio ou até mesmo problemas de saúde temporários.

Dentro dessa categoria, os desafios mais comuns são a dificuldade de leitura, de escrita, de concentração, de memória e de entendimento e resolução de conceitos e problemas matemáticos, todos aptos a serem superados a partir de estratégias de ensino adequadas, apoio na medida certa e a identificação precoce do problema.

Já os transtornos de aprendizagem são condições bem distintas. Eles são condições neurológicas específicas que afetam a maneira como o cérebro processa informações, interferindo na aquisição e no uso de habilidades acadêmicas. A criança pode possuir uma inteligência geral adequada, mas ainda assim será afetada pela forma como o seu cérebro funciona. Essas condições não têm cura e, na maioria dos casos, demandam apoio especializado contínuo.

Os transtornos de aprendizagem mais comuns são:

Dislexia: dificuldade específica na leitura, com problemas de decodificação e compreensão.

Disgrafia: dificuldade na escrita, com problemas de coordenação motora e expressão escrita prejudicada.

Discalculia: dificuldade com conceitos matemáticos e habilidades numéricas.

Transtorno do déficit de atenção e hiperatividade (TDAH): dificuldade em manter a atenção, hiperatividade e impulsividade.

Transtorno do espectro autista (TEA): condição que afeta a comunicação, a interação social e o aprendizado.

A principal diferença entre dificuldades de aprendizagem e transtornos de aprendizagem é que as dificuldades são transitórias e podem ser tratadas com intervenções adequadas, enquanto os transtornos são neurobiológicos e requerem uma abordagem mais abrangente e especializada ao longo de uma vida inteira.

Em ambos os casos, o diagnóstico e a intervenção precoce são cruciais para minimizar os prejuízos associados. Independentemente se é um transtorno ou uma dificuldade de aprendizagem, é preciso agir rapidamente ao identificar os problemas, de modo que seja possível lutar contra as dificuldades impostas e promover o desenvolvimento acadêmico, emocional e social dessas crianças e adolescentes.

Quanto mais cedo um problema de aprendizagem for identificado, mais cedo a criança ou o adolescente receberá a intervenção adequada e direcionada, com os professores, psicopedagogos e demais profissionais da educação se adaptando àquelas necessidades específicas e permitindo a superação dos desafios acadêmicos de maneira mais rápida e eficaz. Isso significa também a prevenção ao acúmulo de lacunas de aprendizado, porque quando as dificuldades são abordadas cedo, a criança tem uma chance melhor de acompanhar o conteúdo escolar e não fica tão defasada em relação aos colegas de classe.

E, como já deve estar claro a essa altura, esse é um dos fatores que mais ajudarão na restauração da confiança, autoestima e vontade de aprender.

Por último e não menos importante, as dificuldades de aprendizagem, por mais reversíveis que elas sejam, quando não são bem acompanhadas podem levar a problemas comportamentais muito mais graves, uma vez que o aluno pode sentir frustração, ansiedade ou desinteresse pela escola e pelo convívio com outras pessoas. Ou seja, quanto mais cedo agirmos para descobrir o que as crianças verdadeiramente têm e apoiá-las para a superação dos seus desafios individuais, maiores são as chances de sucesso em sua jornada educacional e no desenvolvimento de habilidades essenciais para a vida adulta.

Capítulo 9

CASOS E ATENDIMENTOS

Olha, posso dizer que já vi de tudo nessa vida de psicopedagoga!

A maior parte das crianças que atendemos na clínica não gosta de escrever textos, algo muito natural quando o conteúdo é trazido do externo para o interno da criança e não o contrário. É visto como chato, incompreensível, até desnecessário por elas e acaba sendo um sacrifício fazê-las colocar as ideias no papel.

Mas nós temos uma tática infalível: permitimos que elas escrevam livremente, sem nenhuma correção ou julgamento. E então, só depois trabalhamos as melhorias. E funciona! As crianças se sentem mais livres para se expressarem e conseguem produzir textos incríveis.

Atendemos um aluno que adorava desenhos. Seus desenhos eram, na maioria, personagens de filmes de terror. Ele pouco falava e tinha dificuldade de expressar sentimentos, pensamentos e desejos. Nosso objetivo era fazer com que isso acontecesse a partir das produções escritas, então sugerimos uma produção de texto que antes foi estimulada por meio de técnicas nas quais ele tiraria algumas cartas de um baralho e precisaria utilizá-las em sua produção.

A sugestão foi aceita e a escrita começou a acontecer.

Até que um dia, diante das suas dificuldades, decidimos e conseguimos animá-lo a produzir um texto. Ele escreveu algo chamado "O mistério do consultório". O título era incrível e despertou a curiosidade de todas as outras crianças — e a minha também, é claro! Na história, a personagem principal procurava as pessoas de um consultório que estavam desaparecidas. O tom era de mistério e suspense... Mas no fim, tratava-se apenas de uma festa surpresa. Normalmente com ele não era assim. As surpresas costumavam ser... bem, catastróficas ou incompreensíveis. Aquele final inteligente e bem articulado foi uma grande celebração para nós e para a criança, porque ela não se sentia capaz de despertar a atenção dos outros colegas, visto que suas ideias eram consideradas apenas estranhas. Dessa vez, conseguiu, e sem renunciar à sua essência, que estava no mistério e no suspense abordado ao longo do texto.

Também tivemos um aluno que não quis fazer a tarefa de casa de forma alguma. Ele se recusou, e os pais vieram me procurar sem saber o que fazer. Conversamos bastante e tentamos entender o motivo para tanta determinação. A tarefa dele era escrever uma carta. E o motivo para não fazê-la era, ao contrário do esperado, o mais racional possível: "Quando se manda uma carta, manda-se para alguém. Eu não quero mandar uma carta para ninguém".

Não se tratava de falta de entendimento ou compreensão. Era só algo que ele não queria fazer. E tinha esse direito. Mas nós tínhamos um impasse ali, porque a tarefa era necessária. Precisávamos fazer com que ele respeitasse os acordos escolares ao mesmo tempo em que atendesse os desejos individuais, trazendo flexibilidade para aquela atividade — mas como? Ele — sim, e não nós! — teve uma ideia: "Posso escrever uma carta para mim mesmo?".

Claro que podia! Era a solução perfeita. Então, fizemos todo o processo de escrever e enviar a carta via correios para ele próprio. Foi uma solução incrível e que rendeu ótimos frutos. Mais tarde, descobri que sua questão com a carta era um pouco mais profunda. A verdade é que seus colegas nunca o escolhiam em atividades em grupo, então ele sabia que não receberia carta alguma. Ora, para que enviar uma carta então?

Posteriormente, propus à escola que aquela atividade fosse repetida, mas de uma forma diferente. Dessa vez, os respectivos remetentes e destinatários das cartas seriam definidos por sorteio, dessa forma ninguém se sentiria excluído e estimularia nas crianças maior sociabilidade e criação de novos laços de amizade. Ele finalmente recebeu uma carta de outro aluno e dali para frente passou a ser mais incluído nas atividades em grupo e construiu os seus primeiros laços fora do núcleo familiar.

O que mais me emociona nesse trabalho é ver como as atividades mais simples podem fazer a diferença na vida dessas crianças. Aqui na clínica, por exemplo, organizamos um bingo quando há muitas crianças ao mesmo tempo. Durante o bingo, trabalhamos a fala em público, o engajamento na sorte e na torcida, e a forma de lidar com a frustração de não ter ganhado.

E o mais legal é que elas entendem que ganhar não é apenas uma questão de sorte — é fruto do trabalho e da atenção individual ao longo do jogo. Ver a alegria no rosto das crianças quando elas vencem é uma das melhores recompensas que eu posso ter, assim como assisti-las reconhecendo a vitória de um colega e os recompensando por tal, o quanto se divertem durante o processo e, é claro, o quanto aprendem com ele.

Os pais sempre me perguntam o que podem fazer em casa para estimular seus filhos e o que comprar, mas a verdade é que não é preciso gastar dinheiro para isso. Brincadeiras simples podem ser feitas com ou sem a ajuda da tecnologia, utilizando regras, objetivos e muita diversão. Não adianta comprar um brinquedo caro e esperar que a criança se auto estimule — é preciso estar presente, oferecendo recompensas, regras e objetivos claros. Podemos exemplificar com o lego, um brinquedo de alto estímulo da coordenação motora, mas que por si só não é tão valioso assim. Se não há estímulo à criatividade, atenção à construção e auxílio no entendimento das peças, pode se tornar inútil ou até mesmo maléfico para algumas crianças.

Falando em objetos pequenos que podem possuir significados enormes para nossas crianças, na clínica, nós usamos adesivos em algumas atividades. Uma delas, porém, sempre recusava os adesivos. Quando perguntei por quê, ela me explicou que não gostava de adesivos de princesa e arco-íris e tinha a preocupação de não ser respeitada pela sua escolha.

Eu expliquei que isso jamais aconteceria na clínica e, para minha alegria, ela decidiu escolher um adesivo do Homem-Aranha na atividade seguinte, dizendo-me baixinho a sua escolha. Ainda assim, um menino que estava ao lado ouviu a conversa. Ele se levantou da cadeira, foi até minha mesa e pediu em voz alta os adesivos da Mulher-Maravilha, piscando para a outra criança. Ele queria mostrar que estava tudo bem em escolher qualquer adesivo que quisesse, que ela teria nele apoio, além de companhia.

A partir daí, eles começaram a trocar adesivos e conversas. Tudo começou com um simples reforço positivo e culminou em uma criança mais aberta e mais feliz. Está vendo? Esse é o nosso trabalho!

É importante lembrar que a criança precisa ter sua personalidade e seus gostos respeitados. O objetivo da psicopedagogia não é apenas melhorar o desempenho acadêmico, mas sim trabalhar a criança por completo. E é com muita alegria que eu faço parte desse processo.

Capítulo 10

CONCLUSÃO

Ao chegar ao final deste livro, espero que você, caro leitor, tenha compreendido a importância da educação e da alfabetização no desenvolvimento pleno das crianças. Vivemos em tempos difíceis, com muitos desafios para a educação, mas acredito que podemos superá-los.

Ao longo das páginas, tentei apresentar algumas ideias e propostas que considero relevantes para aprimorar a alfabetização e a aprendizagem. Falei sobre a importância do método fônico e da metodologia combinada, sobre letramento e a necessidade de cuidar da saúde emocional das crianças.

Como professora e psicopedagoga comprometida com a educação, não posso deixar de ressaltar a importância de investir em educação de qualidade e de respeitar o ritmo de cada criança. Nós, profissionais da área, precisamos estar constantemente em busca de aprimoramento e atualização para garantir que estamos oferecendo o melhor para nossos alunos.

Entendo que a educação é um processo complexo que requer uma abordagem holística e individualizada. Ao longo deste material, discuti a importância dos métodos e metodologias de ensino, bem como os problemas escolares e as demandas dos professores. Enfatizei as demandas e questões das próprias crianças, e a importância de tratá-las como indivíduos na infância em vez de pequenos adultos a serem padronizados.

Acredito que muitas vezes a sociedade trata as crianças como um cubo mágico a ser resolvido, quando na verdade cada indivíduo é único e tem muito mais nuances do que podemos catalogar. Precisamos compreender quem as crianças são e do que elas precisam, e isso só pode ser alcançado quando as enxergamos como seres humanos completos, em vez de simplesmente tentar encaixá-las em um molde pré-determinado.

É importante reconhecer que a resolução de problemas matemáticos ou outras habilidades cognitivas não determinam a inteligência de uma criança. O que realmente importa é a criatividade, sabedoria e habilidade de lidar com o mundo interno e externo dela própria. É preciso perceber que não são apenas observadores passivos do mundo, elas também fazem parte dele e precisam sentir que estão inseridas nele.

Infelizmente, a educação muitas vezes falha em reconhecer as individualidades de cada criança e luta eternamente por uma padronização das pessoas. Isso não é justo nem eficaz. Como podemos esperar que os nossos filhos, netos e alunos se sintam inseridos no mundo se não reconhecemos quem eles são e do que precisam?

Proponho aqui um exercício aos responsáveis pelas crianças: imagine-se em um mundo onde todos falam uma linguagem diferente da sua e te cobram o desenvolvimento dessa mesma linguagem. No entanto, você não consegue compreender nem se fazer compreendido. Está claro que esse mundo falha em te ensinar a linguagem e a ver o mundo a partir dela. Mesmo assim, esse mundo o culpa e diz que você tem uma patologia ou uma deficiência e anseia por tratamentos e processos de desenvolvimento diversos. Como você se sentiria? Seria suficiente a ajuda profissional ou é necessária uma mudança de como o mundo lida com você?

A educação precisa mudar para que possamos finalmente entender e ajudar as crianças a desenvolverem todo o seu potencial.

Ao finalizar este livro, sinto que cumpri uma missão importante: compartilhar meu conhecimento e experiência para que mais pessoas possam compreender a necessidade de uma educação mais inclusiva e individualizada. Acredito que a psicopedagogia é uma área fundamental para essa transformação e que é possível, sim, criar uma cultura escolar mais respeitosa com as singularidades de cada criança.

Para que isso aconteça, é preciso que todos os envolvidos no processo educativo —professores, pais e gestores — estejam abertos a uma mudança de mentalidade e práticas pedagógicas. É preciso deixar de ver as crianças como um problema a ser resolvido e começar a enxergá-las como seres em desenvolvimento, com suas particularidades e necessidades específicas.

Isso não significa que devemos abandonar a busca por uma formação geral sólida e fundamentada, mas, sim, que precisamos encontrar formas de conciliá-la com o reconhecimento da individualidade de cada criança. Devemos incentivar a criatividade, o pensamento crítico e a construção de autonomia e responsabilidade desde cedo, em vez de focar apenas em resultados quantitativos.

Acredito que a educação pode ser a chave para transformar o mundo em um lugar mais justo e inclusivo, mas para isso precisamos dar o primeiro passo: reconhecer a importância da psicopedagogia e da individualização do ensino. Espero que este material possa contribuir para essa mudança e que cada vez mais pessoas possam se engajar nessa jornada.

REFERÊNCIAS

ADAMS, M. J. *et al. Consciência Fonológica em Crianças Pequenas*. Porto Alegre: Editora Penso, 2006.

BENEDETTI, K. S. *A Falácia Socioconstrutivista*: por que os alunos brasileiros deixaram de aprender a ler e escrever. Campinas: Kirion, 2020.

CAPOVILLA, F. *Alfabetização Fônica*. 4. ed. São Paulo: Casa do Psicólogo, 2005

FERREIRO, E. *Psicogênese da Língua Escrita*. Porto Alegre: Editora Penso, 1999.

SOARES, M. *Alfabetização e Letramento*. 7. ed. São Paulo: Editora Contexto, 2003.

SOARES, M. *Alfabetização*: a questão dos métodos. São Paulo: Editora Contexto, 2016.